Les énergies renouvelables

"une révolution énergétique pour l'avenir"

Ver'tige

Ver'tige

Préface

Dans un monde confronté à une crise climatique sans précédent, les énergies renouvelables se dressent comme l'une des solutions les plus prometteuses pour répondre aux défis environnementaux, économiques et sociétaux de notre époque. Elles représentent bien plus qu'une simple alternative aux combustibles fossiles ; elles incarnent une véritable révolution énergétique, porteuse d'espoir pour un avenir plus durable.

Ce livre, *Les énergies renouvelables : une révolution énergétique pour l'avenir*, se veut une exploration approfondie des potentialités, des défis et des impacts de cette transformation. L'objectif est clair : offrir une vision holistique des énergies renouvelables, depuis leur fonctionnement technique jusqu'à leurs implications sur la société et l'économie mondiale. Dans un contexte où la nécessité d'une transition rapide vers des modèles énergétiques durables est devenue impérative, ce livre propose des pistes de réflexion et d'action pour les décideurs, les citoyens et les acteurs économiques.

Nous commencerons par découvrir les principes fondamentaux et les technologies à l'origine des énergies renouvelables, qu'il s'agisse du solaire photovoltaïque, de l'éolien ou de la biomasse. Puis, nous plongerons dans les avantages qu'elles procurent, mais aussi dans les limites et les obstacles qui freinent leur adoption massive. Chaque chapitre explore un aspect crucial : de leur intégration dans les politiques publiques à leur rôle dans la transformation de nos sociétés, en passant par l'étude des innovations technologiques qui façonnent leur avenir.

Ce livre n'est pas seulement un recueil de faits et d'analyses. Il est aussi un appel à l'action. La transition énergétique ne repose pas uniquement sur les gouvernements ou les entreprises, mais sur chacun d'entre nous. Ensemble, nous avons la capacité de façonner un avenir dans lequel l'énergie est produite, distribuée et consommée de manière responsable, équitable et durable.

Les énergies renouvelables : « Une révolution énergétique pour l'avenir »

En tant qu'auteur, j'ai voulu écrire cet ouvrage pour démystifier les énergies renouvelables et rendre leur complexité accessible à tous. Je souhaite que ce livre inspire autant qu'il informe, qu'il suscite des vocations et des engagements pour accélérer le changement. Car il est urgent d'agir, non seulement pour répondre à l'urgence climatique, mais aussi pour bâtir un monde où chacun pourra prospérer dans le respect des limites de notre planète.

Je vous invite donc à parcourir ces pages avec curiosité et ouverture d'esprit. Que ce voyage au cœur des énergies renouvelables éveille en vous une nouvelle compréhension des enjeux et des opportunités de cette révolution énergétique. Et surtout, qu'il nourrisse l'espoir et la détermination nécessaires pour construire un avenir durable.

Avec espoir et engagement,

Ver'tige

Ver'tige

Les énergies renouvelables : « Une révolution énergétique pour l'avenir »

SOMMAIRE

Préface   03

Introduction : Le défi énergétique mondial   11
- Contexte actuel : La dépendance aux énergies fossiles, l'impact environnemental et les changements climatiques.   11
- Pourquoi les énergies renouvelables ? L'urgence de la transition Energétique   15
- L'importance de cette transition dans la lutte contre le réchauffement climatique.   19

Chapitre 1 : Qu'est-ce que les énergies renouvelables ?   23
- Définition des énergies Renouvelables   25
- Les types d'énergies renouvelables   27

Chapitre 2 : Le potentiel des énergies renouvelables à l'échelle mondiale   35
- Répartition géographique   37
- Les pays leaders dans la transition énergétique   43
- Les obstacles au déploiement mondial des énergies renouvelables   47

Chapitre 3 : Les technologies des énergies renouvelables — 51
- Le solaire photovoltaïque — 53
- Les centrales éoliennes — 55
- L'hydroélectricité — 57
- La biomasse et le biogaz — 59
- La géothermie — 61
- Les énergies marines — 63

Chapitre 4 : Avantages des énergies renouvelables — 65
- Réduction de l'empreinte carbone — 67
- Indépendance énergétique — 69
- Création d'emplois — 71
- Développement durable — 73
- Ressources infinies — 75

Chapitre 5 : Les défis et limites des énergies renouvelables — 77
- Intermittence — 79
- Stockage de l'énergie — 81
- Impact sur l'environnement — 83
- Coût et rentabilité — 85
- Infrastructure et réseaux électriques — 87

Chapitre 6 : Les politiques publiques et les énergies renouvelables — 89
- Les objectifs internationaux — 91
- Les politiques nationales — 93
- Les défis politiques — 95
- Les engagements des entreprises — 97

Chapitre 7 : Les énergies renouvelables en France — 99
- L'état actuel de la transition énergétique en France — 101
- Les projets phares — 103
- Les défis spécifiques de la France — 105

Chapitre 8 : Les innovations et l'avenir des énergies renouvelables — 109
- Les nouvelles technologies — 111
- La fusion nucléaire — 115
- Les tendances à venir — 117
- Les solutions hybrides et le rôle du smart grid — 119

Chapitre 9 : L'impact des énergies renouvelables sur la société et l'économie — 121
- Changements sociaux — 123
- Énergie et justice sociale — 125
- Les retombées économiques — 127

Conclusion : Vers un avenir durable — 131
- La nécessité d'une transition rapide — 133
- L'avenir des énergies renouvelables — 137
- Appel à l'action — 139

Annexes — 143
Glossaire des termes techniques — 143
Bibliographie et références — 147
Liste des organisations et initiatives internationales pour la transition énergétique — 149

Ver'tige

Introduction

Le défi énergétique mondial

Contexte actuel : La dépendance aux énergies fossiles, l'impact environnemental et les changements climatiques

Au début du XXIe siècle, l'humanité est confrontée à un défi majeur : le défi énergétique mondial. La production et la consommation d'énergie sont des éléments clés qui soutiennent la croissance économique, les activités industrielles, les transports, ainsi que la vie quotidienne des individus. Cependant, la manière dont cette énergie est produite, principalement à partir de combustibles fossiles tels que le pétrole, le gaz naturel et le charbon, soulève des inquiétudes considérables en raison de ses impacts environnementaux et de ses conséquences à long terme.

La dépendance aux énergies fossiles est enracinée dans plus de deux siècles d'industrialisation. Ces sources d'énergie ont alimenté la révolution industrielle, permettant une croissance économique sans précédent. Toutefois, leur exploitation massive a également généré des émissions de gaz à effet de serre (GES), responsables du réchauffement climatique et de la dégradation de l'environnement. Le charbon, le pétrole et le gaz naturel, utilisés principalement pour la production d'électricité, le chauffage et les transports, sont responsables d'environ 75 % des émissions mondiales de CO_2, principal gaz à effet de serre (GES) lié au changement climatique.

L'impact environnemental des énergies fossiles ne se limite pas seulement aux émissions de gaz à effet de serre. L'extraction de ces ressources, qu'il s'agisse de l'exploitation minière du charbon, de l'extraction du pétrole ou du gaz naturel, entraîne la dégradation des écosystèmes, la pollution des eaux et des sols, et des impacts sur la biodiversité. De plus, la combustion de ces énergies fossiles contribue à la pollution de l'air, provoquant des maladies respiratoires et cardiovasculaires chez les populations humaines, particulièrement dans les grandes villes et les zones industrielles.

L'ampleur des changements climatiques, causés par la concentration croissante de gaz à effet de serre dans l'atmosphère, se manifeste par une élévation des températures mondiales, des phénomènes météorologiques extrêmes plus fréquents (sécheresses, vagues de chaleur, tempêtes), des élévations du niveau de la mer, et des perturbations dans les écosystèmes naturels. Ces changements ont des répercussions profondes sur la biodiversité, l'agriculture, l'approvisionnement en eau, ainsi que sur la santé publique. Le dernier rapport du Groupe d'experts intergouvernemental sur l'évolution du climat (GIEC) souligne l'urgence de limiter l'augmentation de la température mondiale à 1,5 °C par rapport aux niveaux préindustriels, afin d'éviter des conséquences catastrophiques.

Face à ces défis, il devient clair que le modèle énergétique mondial actuel, fondé sur une consommation excessive de ressources fossiles, n'est plus soutenable à long terme, tant du point de vue de l'environnement que des ressources. Il est désormais impératif de repenser ce système pour répondre à la fois aux besoins énergétiques croissants de la population mondiale et aux exigences de durabilité environnementale.

Pourquoi les énergies renouvelables ? L'urgence de la transition énergétique

La question de l'énergie renouvelable se pose comme une réponse incontournable à la crise énergétique actuelle. En effet, les énergies renouvelables, telles que l'énergie solaire, éolienne, hydraulique, géothermique ou biomasse, offrent une alternative viable aux sources fossiles, non seulement pour leur capacité à réduire les émissions de gaz à effet de serre, mais aussi pour leur caractère inépuisable et moins polluant.

Les énergies renouvelables sont naturellement présentes dans l'environnement et peuvent être exploitées sans épuiser les ressources naturelles. Par exemple, l'énergie solaire provient de la radiation du soleil, l'énergie éolienne est captée par les vents, l'énergie hydraulique utilise les cours d'eau, et la géothermie exploite la chaleur terrestre. Contrairement aux combustibles fossiles, ces ressources sont disponibles de manière durable et leur exploitation ne génère pas de pollution ou de gaz à effet de serre à grande échelle.

La transition vers ces sources d'énergie renouvelable est devenue une urgence pour plusieurs raisons :

1. **Réduction des émissions de gaz à effet de serre (GES) :** Les énergies renouvelables n'émettent pas de CO_2 ou d'autres gaz à effet de serre lors de leur production d'électricité. Cela permet de limiter le réchauffement climatique et de respecter les engagements internationaux pris lors des Accords de Paris, visant à maintenir la température mondiale bien en deçà de 2 °C par rapport aux niveaux préindustriels, et idéalement à 1,5 °C. Les énergies renouvelables jouent un rôle central dans cette stratégie, en permettant une décarbonation rapide du secteur énergétique, qui est le principal contributeur au changement climatique.

2. **Soutenabilité des ressources :** Les combustibles fossiles, bien qu'encore abondants à l'échelle mondiale, sont des ressources non renouvelables qui finiront par s'épuiser. À mesure que les réserves mondiales de pétrole, charbon et gaz naturel diminuent, leur extraction devient de plus en

plus coûteuse et complexe. Les énergies renouvelables, en revanche, sont disponibles en quantité quasi infinie. Par exemple, l'énergie solaire offre une source de production inépuisable tant que le soleil brille.

3. **Sécurité énergétique et indépendance :** La dépendance à l'égard des énergies fossiles a également des conséquences géopolitiques. Les fluctuations des prix du pétrole, les crises internationales, les tensions géopolitiques et les dépendances vis-à-vis des pays producteurs de pétrole peuvent mettre en péril la sécurité énergétique d'une nation. En diversifiant les sources d'énergie par le biais des renouvelables, les pays peuvent réduire leur vulnérabilité face aux chocs énergétiques et améliorer leur résilience économique.

4. **Création d'emplois et développement économique local :** L'industrie des énergies renouvelables est un moteur potentiel de croissance économique. La construction, l'exploitation et la maintenance des installations de production d'énergie

renouvelable créent des millions d'emplois à l'échelle mondiale. En outre, contrairement aux énergies fossiles, qui sont souvent extraites dans des régions spécifiques du monde, les énergies renouvelables peuvent être produites localement, ce qui soutient le développement régional et réduit les coûts liés à l'importation d'énergie.

5. **Préservation de la biodiversité et des écosystèmes :** L'exploitation des énergies fossiles a des effets dévastateurs sur les écosystèmes terrestres et marins. La transition vers des énergies propres et renouvelables permettrait de minimiser les dégâts environnementaux liés à l'extraction des ressources fossiles et à leur consommation. L'impact écologique de l'énergie solaire ou éolienne, par exemple, est bien moindre que celui des combustibles fossiles, notamment en termes de pollution et de destruction d'habitats naturels.

L'importance de cette transition dans la lutte contre le réchauffement climatique

Le réchauffement climatique est sans doute le défi environnemental le plus pressing du XXIe siècle. Depuis la révolution industrielle, les émissions de gaz à effet de serre ont considérablement augmenté, entraînant une hausse des températures mondiales et des perturbations climatiques de plus en plus fréquentes et graves. L'élévation du niveau de la mer, les canicules, les inondations, les incendies de forêt, les tempêtes violentes et la perte de biodiversité sont autant de symptômes d'un climat de plus en plus instable.

Les scientifiques s'accordent à dire que pour éviter un réchauffement de plus de 2 °C par rapport aux niveaux préindustriels, voire 1,5 °C comme le préconise l'Accord de Paris, il est impératif de réduire drastiquement les émissions mondiales de gaz à effet de serre d'ici 2050. Cela passe par une décarbonation massive du secteur de l'énergie, qui est responsable de plus de 70 % des émissions mondiales. La transition énergétique vers des sources renouvelables est donc un levier essentiel dans cette lutte.

L'énergie renouvelable offre une solution directe pour décarboner le secteur énergétique. En utilisant des sources d'énergie qui ne libèrent pas de gaz à effet de serre, nous pouvons réduire l'empreinte carbone de la production d'électricité, de l'industrie et des transports. Le passage des énergies fossiles aux énergies renouvelables permettrait également d'atteindre les objectifs de neutralité carbone en 2050, que de nombreux pays ont fixés dans leurs engagements climatiques.

De plus, les énergies renouvelables, en particulier l'énergie solaire et éolienne, ont un potentiel énorme pour remplacer les centrales thermiques à charbon et à gaz, qui sont parmi les plus polluantes au monde. En intégrant davantage d'énergies renouvelables dans le mix énergétique mondial, on peut espérer réduire la consommation de charbon, une des sources les plus néfastes en termes d'émissions.

Enfin, la transition énergétique ne doit pas être perçue uniquement comme un impératif écologique, mais aussi comme une opportunité pour construire un avenir plus équitable et résilient. Les énergies renouvelables offrent la possibilité de démocratiser l'accès à l'énergie, en particulier dans les régions du monde qui n'ont pas encore accès à des réseaux électriques fiables, tout en favorisant des modèles économiques basés sur la durabilité.

Le défi énergétique mondial est à la croisée des chemins. La dépendance aux énergies fossiles, bien qu'historiquement bénéfique pour le développement économique, nous place aujourd'hui devant une crise environnementale, économique et sociale d'une ampleur inédite. La transition vers des énergies renouvelables apparaît comme la solution incontournable pour répondre à ces défis. Non seulement elles permettent de réduire les émissions de gaz à effet de serre, mais elles offrent aussi des bénéfices considérables en termes de sécurité énergétique, de développement économique local et de préservation de la biodiversité.

L'urgence de cette transition est d'autant plus forte que le réchauffement climatique s'accélère, menaçant la stabilité de nos sociétés et de nos écosystèmes. La route vers un avenir énergétique durable est semée d'embûches, mais elle est également source d'opportunités pour les générations futures. L'adoption massive des énergies renouvelables est sans aucun doute la clé pour relever ce défi et garantir un avenir plus propre, plus équitable et plus résilient pour l'ensemble de la planète.

Chapitre 1

Qu'est-ce que les énergies renouvelables ?

Les énergies renouvelables désignent des sources d'énergie qui sont naturellement régénérées à une échelle humaine, contrairement aux combustibles fossiles qui sont limités et finissent par s'épuiser. Ces sources d'énergie sont inépuisables, durables, et leur exploitation génère peu ou pas d'émissions polluantes. Au cœur de la transition énergétique, les énergies renouvelables constituent une réponse essentielle aux défis du réchauffement climatique, de la sécurité énergétique et du développement durable. Dans ce chapitre, nous explorerons la définition des énergies renouvelables, leurs principales caractéristiques et les différentes technologies disponibles pour les exploiter.

1.1. Définition des énergies renouvelables : Ce que sont les énergies renouvelables et leurs caractéristiques

Les énergies renouvelables, aussi appelées « énergies propres », sont issues de ressources naturelles qui se régénèrent constamment. Leur principal avantage est qu'elles ne s'épuisent pas à l'échelle humaine et qu'elles génèrent peu ou pas de pollution ou d'émissions de gaz à effet de serre, un des principaux moteurs du changement climatique. Ces énergies ne dépendent pas de ressources limitées ou polluantes, telles que le charbon, le pétrole ou le gaz naturel, ce qui les distingue fondamentalement des énergies fossiles.

Les principales caractéristiques des énergies renouvelables sont les suivantes :

1. **Inépuisabilité à court terme** : Les ressources naturelles utilisées pour produire ces énergies sont abondantes et se régénèrent naturellement dans des délais courts, souvent à l'échelle de la vie humaine

(par exemple, le vent, le soleil, ou les courants marins).

2. **Faible empreinte carbone** : L'exploitation des énergies renouvelables entraîne peu ou pas d'émissions de gaz à effet de serre, contrairement aux énergies fossiles qui contribuent massivement au réchauffement climatique.

3. **Disponibilité locale** : De nombreuses formes d'énergies renouvelables peuvent être produites localement, réduisant ainsi la dépendance aux importations d'énergies fossiles et renforçant la résilience énergétique des pays.

4. **Technologies en développement** : Bien que les énergies renouvelables soient déjà largement utilisées dans le monde entier, les technologies qui les exploitent continuent d'évoluer, rendant leur production plus efficace et moins coûteuse.

5. **Décentralisation de la production énergétique** : L'exploitation des énergies renouvelables offre des opportunités pour la décentralisation de la production d'énergie, permettant ainsi aux communautés locales, aux ménages et aux entreprises de produire leur propre énergie, avec des impacts positifs sur l'autosuffisance énergétique.

1.2. Les types d'énergies renouvelables

Les énergies renouvelables comprennent plusieurs sources d'énergie, chacune ayant ses caractéristiques et ses applications spécifiques. Voici un aperçu détaillé des principales sources d'énergies renouvelables actuellement utilisées dans le monde.

1.2.1. Énergie solaire : Photovoltaïque et thermique

L'énergie solaire provient de la radiation émise par le soleil, qui peut être captée à l'aide de technologies spécialisées. Il existe principalement deux formes de production d'énergie solaire : le photovoltaïque et le thermique.

1. **Énergie solaire photovoltaïque** : Ce type d'énergie utilise des panneaux solaires composés de cellules photovoltaïques pour convertir directement la lumière du soleil en électricité. Lorsqu'une cellule solaire est exposée à la lumière, elle génère un courant électrique par effet photovoltaïque. Cette

technologie est utilisée dans des installations à grande échelle (parcs solaires) comme dans des applications résidentielles (toitures équipées de panneaux solaires). L'avantage majeur du photovoltaïque est sa capacité à produire de l'électricité en continu pendant la journée, sans émission de CO_2.

2. **Énergie solaire thermique** : Cette technologie capte la chaleur du soleil pour la convertir en énergie thermique, souvent utilisée pour le chauffage de l'eau ou de l'air dans les bâtiments. Elle peut également être utilisée pour produire de l'électricité dans des centrales solaires thermodynamiques, où la chaleur concentrée génère de la vapeur pour alimenter une turbine. L'énergie solaire thermique est particulièrement adaptée aux climats ensoleillés et est souvent utilisée dans des applications domestiques ou industrielles.

1.2.2. Énergie éolienne : Onshore et offshore

L'énergie éolienne est produite par la conversion du mouvement de l'air, c'est-à-dire du vent, en électricité. Elle est captée à l'aide de turbines éoliennes, qui utilisent les forces du vent pour tourner des pales, entraînant ainsi un générateur électrique.

1. **Éolien onshore (terrestre)** : Cette forme d'éolien est installée sur des terres, souvent sur des collines ou des plaines ouvertes où les conditions de vent sont favorables. Les parcs éoliens terrestres peuvent être de grande envergure et produire une quantité d'électricité significative. L'éolien terrestre est l'une des sources d'énergie renouvelable les plus développées et économiques au monde, bien qu'il soit limité par la disponibilité des sites et par l'acceptation locale (certains riverains s'opposent à la construction de parcs éoliens près de leurs habitations en raison des nuisances visuelles et sonores).
2. **Éolien offshore (en mer)** : L'éolien offshore utilise des turbines installées en mer, où les vents sont généralement plus forts et plus constants qu'à terre. Cette technologie offre un potentiel considérable, en particulier dans les régions où les ressources terrestres sont limitées. Cependant, les coûts d'installation sont plus élevés, et des défis techniques existent en matière d'entretien et de résistance aux conditions maritimes. Le développement de parcs éoliens en mer représente néanmoins un axe stratégique majeur pour de nombreux pays européens,

comme le Royaume-Uni, l'Allemagne ou le Danemark.

1.2.3. Énergie hydraulique : Barrages, petits moulins, énergie marémotrice

L'énergie hydraulique utilise la force de l'eau en mouvement pour générer de l'électricité. Elle peut se décliner sous différentes formes :

1. **Barrages hydroélectriques** : Les barrages sont des structures construites sur des rivières ou des fleuves pour créer un réservoir d'eau. Lorsque l'eau est relâchée, elle passe par des turbines qui génèrent de l'électricité. L'hydroélectricité est l'une des plus anciennes formes d'énergie renouvelable, produisant environ 16 % de l'électricité mondiale. Elle présente l'avantage d'être stable et prévisible, tout en permettant de stocker l'énergie sous forme de réservoirs pour une utilisation en période de forte demande.
2. **Petits moulins et micro-hydraulique** : En complément des grands barrages, il existe aussi des systèmes de production d'énergie hydraulique à petite échelle, comme les moulins à eau ou les installations micro-hydroélectriques. Ces systèmes sont souvent

utilisés dans des zones rurales ou isolées, permettant une production d'électricité décentralisée.
3. **Énergie marémotrice** : L'énergie marémotrice utilise les mouvements des marées pour générer de l'électricité. Cette forme d'énergie est particulièrement adaptée aux zones côtières où les marées sont importantes. Bien que les technologies marémotrices soient encore à un stade relativement expérimental, elles offrent un potentiel énorme pour produire de l'énergie propre.

1.2.4. Biomasse : Combustion, biogaz, bioénergie

La biomasse est une forme d'énergie renouvelable produite à partir de matières organiques, telles que les déchets agricoles, forestiers ou alimentaires. La biomasse peut être convertie en énergie par différentes méthodes :

1. **Combustion de biomasse** : La biomasse peut être brûlée pour produire de la chaleur, qui est ensuite utilisée pour produire de l'électricité ou pour le chauffage. Les combustibles bio massiques incluent le bois,

les résidus agricoles ou les déchets organiques.
2. **Biogaz** : Le biogaz est produit par la dégradation des matières organiques dans un environnement sans oxygène (processus appelé digestion anaérobie). Le biogaz, principalement composé de méthane, peut être utilisé pour produire de l'électricité ou pour être injecté dans des réseaux de gaz naturel. Cette forme de bioénergie présente l'avantage de valoriser des déchets organiques tout en produisant de l'énergie.
3. **Bioénergie** : En plus de la combustion et du biogaz, la biomasse peut être transformée en bioénergie liquide, comme l'éthanol ou le biodiesel, utilisés comme carburants pour les transports. Bien que la bioénergie soit une source de production d'énergie renouvelable, elle peut parfois soulever des préoccupations concernant l'utilisation des terres agricoles pour la production de biocarburants.

1.2.5. Géothermie : Production d'énergie à partir de la chaleur terrestre

L'énergie géothermique exploite la chaleur stockée sous la surface de la Terre pour produire de l'électricité ou pour le chauffage. Ce type d'énergie est particulièrement utilisé dans des régions volcaniques ou où des réservoirs géothermiques sont accessibles. La géothermie présente l'avantage d'être disponible en continu, quelle que soit la météo, et peut être utilisée pour des applications locales ou à plus grande échelle, comme les centrales géothermiques.

1.2.6. Énergie des vagues et marées : Potentiel inexploité et technologies émergentes

L'énergie des vagues et des marées est encore une technologie émergente, mais elle présente un potentiel énorme, en particulier dans les pays avec des côtes longues et des conditions maritimes propices. Les systèmes de conversion de l'énergie des vagues utilisent le mouvement des vagues pour produire de l'électricité, tandis que les installations marémotrices exploitent les variations du niveau de la mer pour générer de l'énergie. Bien que ces technologies aient encore des coûts élevés et rencontrent des défis techniques importants, elles représentent une piste intéressante pour diversifier les sources d'énergie renouvelable.

Les énergies renouvelables offrent une diversité de solutions énergétiques adaptées aux différents besoins et conditions géographiques. De l'énergie solaire à l'éolien, en passant par l'hydroélectricité, la biomasse, la géothermie et les technologies maritimes émergentes, ces sources d'énergie jouent un rôle essentiel dans la transition énergétique. Leur potentiel est immense, et leur développement continue de progresser à mesure que les technologies deviennent plus efficaces, abordables et accessibles à l'échelle mondiale. Dans les chapitres suivants, nous explorerons plus en détail les avantages et les défis associés à chaque type d'énergie renouvelable, ainsi que leur impact sur notre futur énergétique.

Chapitre 2

Le potentiel des énergies renouvelables à l'échelle mondiale

La transition énergétique vers des sources d'énergie renouvelables représente un changement fondamental dans la manière dont l'humanité produit et consomme l'énergie. L'un des principaux avantages des énergies renouvelables est qu'elles offrent des solutions diverses et flexibles adaptées à des contextes géographiques, politiques et économiques variés. Si l'énergie solaire est idéale pour les régions ensoleillées, l'éolien offshore trouve un terrain de prédilection dans les zones côtières venteuses. Cependant, cette transition globale rencontre des défis importants liés aux infrastructures, aux coûts et aux politiques énergétiques. Ce chapitre explore le potentiel des énergies renouvelables à l'échelle mondiale en étudiant leur répartition géographique, les pays leaders dans la transition énergétique, et les obstacles à leur déploiement à grande échelle.

2.1. Répartition géographique des énergies renouvelables : Une réponse à la diversité des territoires

L'un des aspects les plus fascinants des énergies renouvelables est leur capacité à répondre aux besoins énergétiques en fonction des spécificités géographiques. Chaque source d'énergie renouvelable présente des avantages particuliers selon les régions du monde, permettant ainsi de maximiser leur potentiel. Cela implique que la transition énergétique ne sera pas homogène, mais qu'elle devra s'adapter aux ressources locales, aux conditions climatiques et aux infrastructures existantes.

2.1.1. L'énergie solaire : Une abondance dans les régions ensoleillées

L'énergie solaire a un potentiel gigantesque, notamment dans les régions qui bénéficient d'une forte exposition au soleil tout au long de l'année. Les zones désertiques, telles que le désert du Sahara en Afrique, les déserts d'Arabie et de l'Asie centrale, ou encore l'Australie, sont particulièrement adaptées pour la production d'énergie solaire à grande échelle.

Ces régions bénéficient de niveaux de radiation solaire parmi les plus élevés au monde, ce qui en fait des sites idéaux pour la construction de centrales solaires thermodynamiques ou de parcs photovoltaïques.

Les **déserts** sont des lieux privilégiés pour l'installation de panneaux solaires photovoltaïques, car leur faible couverture nuageuse et leur absence de pollution de l'air permettent une captation maximale de la lumière du soleil. En outre, la grande disponibilité de terrains dans ces régions permet de déployer de vastes installations solaires sans perturber les espaces urbains ou agricoles. En 2015, le projet **Desertec**, une initiative ambitieuse visant à produire de l'énergie solaire dans le désert du Sahara pour l'exporter en Europe, a attiré une attention considérable, bien qu'il ait été mis en pause en raison de contraintes politiques et financières. Cependant, plusieurs projets de centrales solaires, comme **Noor**, au Maroc, illustrent la possibilité de produire à grande échelle de l'énergie propre dans ces zones.

Dans des zones moins arides mais très ensoleillées, telles que le sud des États-Unis, le Mexique, l'Espagne ou le nord de l'Afrique, l'énergie solaire est également en plein essor. Ces régions bénéficient d'une forte irradiation solaire, ce qui les rend rentables pour les investissements dans des installations solaires de grande envergure.

2.1.2. L'énergie éolienne : Des vents constants en mer et sur terre

L'éolien est une autre forme d'énergie renouvelable qui tire parti de la variabilité géographique. Il existe deux grands types d'éoliennes : **l'éolien terrestre** (onshore) et **l'éolien en mer** (offshore). Chacun présente des avantages et des défis en fonction de la localisation géographique.

1. **L'éolien terrestre** est particulièrement efficace dans les régions où les vents sont constants et modérés. L'Europe, le nord des États-Unis, certaines régions d'Asie et du Mexique bénéficient de bons rendements en matière d'éolien terrestre. En particulier, des pays comme le Danemark, l'Allemagne et l'Espagne sont des exemples de réussite pour l'installation de parcs éoliens terrestres à grande échelle. Les **plaines**, les **côtes** ou les **montagnes** sont souvent des sites idéaux pour ces installations, car les conditions de vent y sont favorables. En France, les régions

du nord et de l'ouest, comme la Bretagne, sont également propices à l'éolien terrestre.
2. **L'éolien offshore** utilise les vents puissants et constants en mer. Les installations offshore ont l'avantage d'être installées loin des zones urbaines, ce qui minimise les préoccupations liées aux nuisances sonores ou visuelles. De plus, en mer, les vents soufflent généralement de manière plus stable et plus forte qu'à terre, ce qui permet une production d'énergie plus régulière. Les **côtes** européennes, notamment au Royaume-Uni, au Danemark et en Allemagne, sont des sites privilégiés pour l'éolien en mer. De plus, de nouveaux projets offshore voient le jour dans des pays comme les États-Unis (notamment au large de la côte Est), ainsi que dans certains pays asiatiques comme le Japon et la Chine. La **mer du Nord** et l'**Océan Atlantique** sont des bassins propices à l'éolien offshore en raison de leur exposition aux vents forts.

2.1.3. L'hydroélectricité : Des ressources en eau à forte potentialité

L'hydroélectricité est une des sources les plus anciennes et les plus développées d'énergie renouvelable. Elle repose sur l'utilisation de l'énergie cinétique de l'eau, qu'il s'agisse de grandes rivières ou de l'eau des océans. Les régions montagneuses et celles disposant de vastes réservoirs d'eau sont particulièrement adaptées pour la production d'hydroélectricité. Les **régions montagneuses**, comme les Andes, les Alpes ou l'Himalaya, sont dotées de grands cours d'eau, qui permettent l'installation de centrales hydroélectriques performantes.

En **Amérique du Sud**, des pays comme le **Brésil** et le **Vénézuela** tirent parti de leurs vastes ressources en eau pour produire de l'énergie hydraulique. Le **Canada** et les **États-Unis**, notamment dans le nord-ouest de l'Amérique, sont également des leaders mondiaux dans la production d'hydroélectricité. Cependant, l'hydroélectricité soulève des préoccupations environnementales, notamment en ce qui concerne la destruction des écosystèmes aquatiques et les déplacements de populations liés à la construction de grands barrages.

2.1.4. La géothermie : Une chaleur terrestre à exploiter

L'énergie géothermique est exploitée dans des régions géologiquement actives où la chaleur provenant du sous-sol peut être captée pour produire de l'électricité ou de la chaleur. Les pays situés sur des plaques tectoniques, comme l'Islande, la Nouvelle-Zélande, l'Indonésie ou le Japon, sont particulièrement bien placés pour développer des centrales géothermiques. L'**Islande**, par exemple, tire une part importante de son énergie de ses ressources géothermiques, en raison de son emplacement sur une zone volcanique.

2.1.5. L'énergie des vagues et marées : Un potentiel inexploité

Les technologies de l'énergie marémotrice et de l'énergie des vagues sont encore en développement, mais elles présentent un potentiel énorme dans les **régions côtières**. Les côtes de l'**Europe du Nord**, notamment en France, au Royaume-Uni et en Irlande, mais aussi en **Australie** et en **Corée du Sud**, bénéficient de vagues et de marées puissantes et régulières, idéales pour les technologies marémotrices. Bien que le coût et les défis techniques demeurent élevés, ces technologies émergentes ont un fort potentiel pour compléter les autres formes d'énergies renouvelables.

2.2. Les pays leaders dans la transition énergétique

Certaines nations ont fait des choix stratégiques en faveur des énergies renouvelables et ont réussi à se positionner comme des leaders mondiaux dans la transition énergétique. Ces pays ont mis en place des politiques incitatives, des investissements dans les infrastructures et une volonté politique forte pour encourager le développement des énergies renouvelables.

2.2.1. La Chine : Un géant mondial des énergies renouvelables

La Chine est de loin le plus grand investisseur et producteur mondial d'énergies renouvelables. Le pays a fait d'énormes progrès dans le développement des secteurs de l'énergie solaire et de l'éolien. En 2020, la Chine représentait près de 30 % de la production mondiale d'énergie solaire et éolienne. Grâce à une politique volontariste, le gouvernement chinois a mis en place des subventions et des incitations fiscales pour encourager la production d'énergie propre et la construction d'infrastructures vertes.

Outre les énergies solaires et éoliennes, la Chine investit également massivement dans la **batterie de stockage d'énergie**, dans le but d'optimiser l'utilisation des énergies renouvelables intermittentes et de garantir une stabilité du réseau électrique.

2.2.2. L'Allemagne : Un modèle de transition énergétique (Energiewende)

L'Allemagne est un des précurseurs de la transition énergétique en Europe. Le pays a mis en place la politique **Energiewende** (la "transition énergétique"), qui vise à réduire la dépendance aux énergies fossiles et à promouvoir les énergies renouvelables. Depuis les années 2000, l'Allemagne a massivement investi dans l'énergie solaire et éolienne, tout en encourageant les citoyens et les entreprises à produire de l'énergie renouvelable à petite échelle. En 2021, l'Allemagne avait environ 50 % de son électricité produite par des sources renouvelables.

Le soutien politique et les investissements dans la recherche et le développement des technologies renouvelables ont permis à l'Allemagne de devenir un acteur clé dans le secteur des énergies renouvelables à l'échelle mondiale.

2.2.3. Les États-Unis : Un acteur clé mais un modèle contrasté

Les États-Unis ont un potentiel énorme en matière d'énergies renouvelables, avec des ressources solaires abondantes, notamment dans le sud-ouest, et une forte capacité éolienne. Cependant, la politique énergétique américaine est marquée par des contrastes, avec des approches très différentes selon les administrations fédérales et les États. L'administration Obama a soutenu activement les énergies renouvelables, tandis que l'administration Trump a réorienté les priorités vers les énergies fossiles.

Cela dit, certains États, comme la **Californie**, le **Texas**, et le **Colorado**, sont des pionniers dans l'adoption des énergies renouvelables. La Californie est particulièrement avancée, avec des objectifs ambitieux pour réduire les émissions de gaz à effet de serre et développer les énergies renouvelables.

2.2.4. La France : Des progrès malgré les défis

La France, bien que leader dans le domaine de l'énergie nucléaire, a également entrepris une transition vers les énergies renouvelables. Le pays met l'accent sur le développement de l'énergie éolienne et solaire, tout en tirant parti de ses ressources hydrauliques. Les politiques publiques en faveur des énergies renouvelables ont conduit à une augmentation notable de la capacité installée, bien que des défis persistent, notamment en termes de déploiement rapide et de la flexibilité du réseau.

2.3. Les obstacles au déploiement mondial des énergies renouvelables

Bien que le potentiel des énergies renouvelables soit indéniable, plusieurs obstacles demeurent pour leur déploiement mondial.

2.3.1. Obstacles politiques et réglementaires

L'un des obstacles majeurs à la transition énergétique mondiale est la lenteur de la mise en place de politiques publiques efficaces. Dans certains pays, les **subventions aux énergies fossiles** continuent de fausser le marché, freinant ainsi l'adoption des énergies renouvelables. De plus, la **réglementation** en matière de construction d'infrastructures renouvelables est parfois complexe et peu encourageante, avec des délais d'approbation longs et des obstacles bureaucratiques.

2.3.2. Infrastructures et stockage de l'énergie

Les infrastructures actuelles, souvent obsolètes, ne sont pas adaptées pour intégrer de manière fluide les énergies renouvelables. Le stockage de l'énergie est un autre défi majeur, car les énergies renouvelables, telles que l'éolien et le solaire, sont intermittentes. Les batteries et autres technologies de stockage sont encore coûteuses et n'ont pas encore atteint une maturité suffisante pour une adoption à grande échelle.

2.3.3. Coûts et financement

Les investissements nécessaires pour développer les énergies renouvelables à grande échelle peuvent être prohibitifs, en particulier dans les pays en développement. Bien que les coûts des technologies, comme l'énergie solaire et éolienne, aient considérablement diminué, le financement reste un obstacle dans les régions où les ressources financières sont limitées.

Le potentiel des énergies renouvelables à l'échelle mondiale est colossal, et les différences géographiques permettent une grande diversité de solutions énergétiques adaptées à chaque région. Toutefois, cette transition n'est pas sans défis. Les pays leaders, comme la Chine, l'Allemagne, et les États-Unis, démontrent que les énergies renouvelables peuvent constituer une part majeure du mix énergétique mondial. Cependant, les obstacles politiques, réglementaires, technologiques et économiques doivent être surmontés pour permettre un déploiement mondial massif et efficace des énergies renouvelables. La coopération internationale, l'investissement dans les infrastructures et les innovations technologiques joueront un rôle clé dans l'accélération de cette transition énergétique cruciale pour l'avenir de la planète.

Ver'tige

Chapitre 3

Les technologies des énergies renouvelables

Les énergies renouvelables jouent un rôle clé dans la transition énergétique mondiale, offrant des solutions durables et écologiques pour répondre à nos besoins en énergie. Ce chapitre explore en détail les principales technologies des énergies renouvelables, en mettant en lumière leur fonctionnement, leurs évolutions technologiques et leurs impacts économiques et environnementaux.

Ver'tige

Le solaire photovoltaïque

Fonctionnement

Le solaire photovoltaïque repose sur la conversion directe de la lumière du soleil en électricité grâce à des cellules photovoltaïques. Ces cellules, généralement fabriquées à partir de silicium, exploitent l'effet photovoltaïque : lorsque les photons du soleil frappent la surface d'une cellule, ils excitent les électrons, créant ainsi un courant électrique.

Composants

Un système solaire photovoltaïque comprend plusieurs éléments essentiels :

- **Cellules photovoltaïques** : Assemblées en modules ou panneaux.
- **Onduleurs** : Convertissent le courant continu (DC) généré en courant alternatif (AC) utilisable.
- **Systèmes de montage** : Supportent les panneaux.
- **Batteries** (optionnelles) : Stockent l'énergie pour une utilisation ultérieure.

Évolution technologique

Les innovations technologiques dans le domaine du solaire incluent :

- **Cellules à haute efficacité** : Telles que les cellules à pérovskites et les cellules bifaciales qui augmentent le rendement.
- **Technologies de suivi solaire** : Permettent aux panneaux de suivre la trajectoire du soleil pour maximiser la production.
- **Matériaux alternatifs** : Comme le silicium amorphe pour des panneaux plus légers et flexibles.

Coûts de production

Le coût des systèmes photovoltaïques a fortement diminué au cours des dernières décennies, principalement grâce à la baisse des prix des matériaux et à l'optimisation des processus de fabrication. Le prix moyen de l'électricité photovoltaïque est aujourd'hui compétitif par rapport aux sources conventionnelles dans de nombreuses régions.

Les centrales éoliennes

Fonctionnement

Les centrales éoliennes convertissent l'énergie cinétique du vent en énergie mécanique, puis en énergie électrique grâce à des générateurs. Les pales de l'éolienne captent le vent, faisant tourner un rotor connecté à une nacelle contenant un générateur.

Types d'éoliennes

- **Horizontales** : Les plus courantes, avec des pales orientées face au vent.
- **Verticales** : Adaptées aux zones urbaines ou à faible intensité de vent.
- **Éoliennes flottantes** : Installées en mer, où les vents sont plus forts et constants.

Technologies récentes

Les progrès incluent :

- **Matériaux légers et durables** : Pour des pales plus grandes et plus efficaces.
- **Capteurs intelligents** : Optimisent les performances en surveillant les conditions en temps réel.

- **Éoliennes offshore flottantes** : Exploitent des zones marines profondes inaccessibles aux éoliennes traditionnelles.

L'hydroélectricité

Types de barrages

- **Barrage à réservoir** : Stocke l'eau dans un lac artificiel, permettant une production stable.
- **Au fil de l'eau** : Exploite le débit naturel des rivières sans stockage.
- **Microbarrages** : Pour des applications locales ou rurales.

Petites installations

Les petites centrales hydroélectriques (à capacité inférieure à 10 MW) sont idéales pour fournir de l'énergie aux zones reculées. Elles présentent l'avantage d'avoir un impact environnemental réduit par rapport aux grands barrages.

Impact environnemental

Bien que l'hydroélectricité soit une source d'énergie renouvelable, elle peut avoir des effets négatifs sur les écosystèmes aquatiques, notamment en modifiant les habitats et en perturbant les migrations des poissons. Les projets modernes intègrent des systèmes comme les passes à poissons pour minimiser ces impacts.

La biomasse et le biogaz

Fonctionnement

- **Biomasse** : Consiste à brûler ou à gazéifier des matières organiques (bois, résidus agricoles, déchets) pour produire de l'énergie.
- **Biogaz** : Produit par la décomposition anaérobie de matières organiques dans des digesteurs, générant un mélange de méthane et de dioxyde de carbone.

Applications

- Production d'électricité et de chaleur.
- Carburants renouvelables (biométhane, biodiesel).
- Valorisation des déchets organiques.

Défis logistiques

- Collecte et transport des matières premières.
- Stockage et stabilité des ressources.
- Rentabilité des installations de petite taille.

Ver'tige

La géothermie

Installation

La géothermie utilise la chaleur du sous-sol pour produire de l'électricité ou du chauffage. Les installations géothermiques comprennent des forages pour atteindre les réservoirs de chaleur et des équipements pour transporter cette chaleur.

Techniques de forage

- **Forages profonds** : Pour l'électricité.
- **Forages peu profonds** : Pour le chauffage domestique ou industriel.

Rendement

Le rendement dépend de la température des réservoirs géothermiques. Les zones volcaniques sont particulièrement adaptées pour des projets à haut rendement.

Ver'tige

Les énergies marines

Énergie des vagues

L'énergie des vagues capte la force des vagues pour produire de l'électricité. Les technologies incluent les dispositifs oscillants et les colonnes d'eau oscillantes.

Énergie des marées

Cette énergie exploite la variation des marées grâce à des barrages marémoteurs ou des hydroliennes.

Progrès récents

- Matériaux résistants à la corrosion.
- Systèmes d'ancrage flexibles.
- Intégration avec des réseaux électriques intelligents.

Ce panorama des technologies des énergies renouvelables montre leur diversité et leur potentiel pour façonner un avenir énergétique durable. Chaque technologie offre des avantages uniques, mais présente également des défis qui nécessitent des efforts continus en recherche, innovation et adaptation aux contextes locaux.

Ver'tige

Chapitre 4

Avantages des énergies renouvelables

L'adoption des énergies renouvelables représente un tournant majeur pour l'avenir de notre planète. Non seulement elles permettent de répondre à nos besoins énergétiques croissants, mais elles offrent également une série d'avantages écologiques, économiques et sociaux qui surpassent largement les limitations des sources d'énergie traditionnelles. Ce chapitre explore les principaux atouts des énergies renouvelables dans des domaines clés.

Ver'tige

Réduction de l'empreinte carbone

Impact sur les gaz à effet de serre

Les énergies fossiles, telles que le charbon, le pétrole et le gaz naturel, sont responsables de la majorité des émissions de gaz à effet de serre (GES), notamment le dioxyde de carbone (CO_2) et le méthane (CH_4). Ces émissions sont les principaux moteurs du changement climatique.

En revanche, les énergies renouvelables, comme le solaire, l'éolien, l'hydroélectricité, la biomasse et la géothermie, produisent peu ou pas de GES au cours de leur fonctionnement. Par exemple :

- Une centrale solaire photovoltaïque ne génère aucune émission directe de CO_2.
- L'énergie éolienne, bien que nécessitant des ressources pour sa construction, a une empreinte carbone négligeable sur le long terme.
- Les systèmes de biomasse, s'ils sont gérés durablement, permettent une neutralité carbone grâce à la replantation des ressources végétales.

Selon l'Agence Internationale de l'Énergie (AIE), une transition massive vers les énergies renouvelables pourrait réduire les émissions mondiales de GES de plus de 70 % d'ici 2050, contribuant ainsi à limiter le réchauffement climatique à 1,5 °C au-dessus des niveaux préindustriels.

Les énergies renouvelables : « Une révolution énergétique pour l'avenir »

Indépendance énergétique

Réduction de la dépendance aux importations de combustibles fossiles

Les énergies fossiles, bien qu'abondantes dans certaines régions du monde, sont inégalement réparties. Cela crée une dépendance énergétique des pays importateurs vis-à-vis des grands exportateurs, ce qui les expose aux fluctuations des prix et à des tensions géopolitiques.

Les énergies renouvelables, en revanche, utilisent des ressources disponibles localement, telles que :

- Le soleil, présent dans la plupart des régions du globe.
- Le vent, abondant tant sur terre qu'en mer.
- Les rivières et les ressources hydrauliques locales.

En investissant dans les infrastructures renouvelables, les pays peuvent réduire leur dépendance aux importations et renforcer leur souveraineté énergétique. Par exemple :

- L'Allemagne, grâce à son programme Energiewende, a réduit sa dépendance au

charbon et au gaz naturel en augmentant sa production solaire et éolienne.
- En Inde, l'installation massive de panneaux solaires contribue à réduire la dépendance au pétrole importé.

Stimulation des économies locales

L'utilisation de ressources énergétiques locales permet également de garder les investissements à l'intérieur du pays, soutenant ainsi les économies régionales et créant des opportunités économiques durables.

Création d'emplois

Secteurs en croissance

Les énergies renouvelables sont l'un des secteurs énergétiques les plus dynamiques au monde. Les investissements croissants dans le solaire, l'éolien, la géothermie et les autres technologies créent des millions d'emplois. En 2022, plus de 12 millions de personnes étaient employées dans le secteur des énergies renouvelables à l'échelle mondiale.

Les activités liées aux énergies renouvelables incluent :

- La fabrication et l'installation de panneaux solaires.
- La construction et la maintenance de parcs éoliens.
- L'exploitation de centrales biomasse et géothermiques.

Création d'emplois locaux

Contrairement aux énergies fossiles, qui concentrent souvent les emplois dans les zones d'extraction, les énergies renouvelables génèrent des opportunités économiques décentralisées. Par exemple :

- Les fermes solaires dans les régions rurales créent des emplois pour les techniciens et les travailleurs agricoles.
- Les projets éoliens offshore mobilisent des spécialistes en ingénierie navale et des ouvriers locaux.

En outre, la demande croissante de compétences liées à ces technologies stimule les programmes de formation et renforce le développement des compétences techniques dans de nombreuses régions du monde.

Les énergies renouvelables : « Une révolution énergétique pour l'avenir »

Développement durable

Un modèle respectueux de l'environnement

Les énergies renouvelables, par leur nature, s'intègrent parfaitement dans les objectifs de développement durable, en répondant à des besoins énergétiques actuels sans compromettre la capacité des générations futures à satisfaire les leurs. Contrairement aux combustibles fossiles, elles :

- Limitent les pollutions de l'air et de l'eau.
- Préservent les ressources naturelles non renouvelables.
- Encouragent une consommation responsable.

Contribution à l'économie circulaire

Certaines technologies renouvelables, comme la biomasse, valorisent les déchets organiques en les transformant en sources d'énergie. Cela favorise une économie circulaire où les déchets deviennent des ressources, réduisant ainsi la pression sur les décharges et sur les systèmes naturels.

Ver'tige

Ressources infinies

Disponibilité inépuisable

Contrairement aux combustibles fossiles, qui sont des ressources finies et en voie d'épuisement, les énergies renouvelables exploitent des sources inépuisables :

- Le soleil continuera de briller pendant des milliards d'années.
- Les vents, les marées et les vagues sont des phénomènes naturels constants.

Cette abondance garantit une stabilité de l'approvisionnement énergétique à long terme.

Comparaison avec les énergies fossiles

L'exploitation des combustibles fossiles est confrontée à des coûts croissants, à mesure que les réserves facilement accessibles sont déplétées. Les énergies renouvelables, au contraire, bénéficient d'améliorations technologiques qui réduisent leurs coûts et augmentent leur efficacité. Ainsi, elles représentent une alternative économiquement viable et durable pour les décennies à venir.

Ver'tige

Les énergies renouvelables offrent une palette impressionnante d'avantages qui vont bien au-delà de la simple production d'énergie. Elles contribuent à protéger l'environnement, à renforcer l'autonomie énergétique des nations, à stimuler l'économie locale et à créer des emplois. Leur adoption massive représente une opportunité unique pour construire un avenir énergétique durable et prospère pour tous.

Chapitre 5

Les défis et limites des énergies renouvelables

Si les énergies renouvelables offrent des opportunités prometteuses pour une transition énergétique durable, elles ne sont pas exemptes de défis et de limitations. Ce chapitre examine les principaux obstacles techniques, économiques et environnementaux associés à ces sources d'énergie, ainsi que les solutions potentielles pour surmonter ces difficultés.

Ver'tige

Intermittence : Le défi de la production d'énergie par le solaire et l'éolien

La variabilité des ressources

Les énergies renouvelables telles que le solaire et l'éolien dépendent fortement des conditions météorologiques. Par exemple :

- Les panneaux solaires ne produisent de l'électricité que pendant la journée et voient leur rendement diminuer par temps nuageux.
- Les éoliennes requièrent une vitesse de vent optimale et cessent de fonctionner lorsque le vent est trop faible ou trop fort.

Cette intermittence pose des problèmes pour assurer un approvisionnement continu en énergie. Contrairement aux centrales à combustibles fossiles ou nucléaires, qui peuvent ajuster leur production en fonction de la demande, les énergies renouvelables intermittentes n'offrent pas cette flexibilité intrinsèque.

Lissage de la production

Pour pallier cette intermittence, plusieurs stratégies sont mises en place :

- **Complémentarité des ressources** : Combiner différentes sources d'énergie renouvelable (par exemple, solaire le jour et éolien la nuit) pour stabiliser l'approvisionnement.
- **Modélisation prédictive** : Utiliser des systèmes de prévision météorologique pour planifier la production et ajuster la demande.

Malgré ces efforts, l'intermittence reste un obstacle majeur à une adoption massive des énergies renouvelables.

Stockage de l'énergie : Les solutions actuelles et les recherches

Batteries lithium-ion

Les batteries lithium-ion sont actuellement la technologie de stockage d'énergie la plus répandue. Elles offrent une densité énergétique élevée et sont adaptées à des applications allant des véhicules électriques aux systèmes stationnaires.

Cependant, elles présentent plusieurs limitations :

- **Coûts élevés** : Bien que les prix aient diminué ces dernières années, ils restent un obstacle pour les applications à grande échelle.
- **Durée de vie** : Les batteries lithium-ion se dégradent avec le temps, réduisant leur capacité de stockage.
- **Approvisionnement en matériaux** : La fabrication de ces batteries repose sur des ressources rares comme le lithium et le cobalt, dont l'extraction pose des problèmes éthiques et environnementaux.

Technologies alternatives

Pour surmonter ces limitations, plusieurs solutions innovantes sont à l'étude :

- **Batteries à flux redox** : Idéales pour le stockage stationnaire, elles offrent une durée de vie plus longue et une capacité de stockage modulable.
- **Stockage gravitationnel** : Basé sur le principe de pompage-turbinage dans les barrages, ce système stocke l'énergie sous forme potentielle en pompant de l'eau vers des réservoirs élevés.
- **Hydrogène vert** : L'électrolyse de l'eau avec de l'énergie renouvelable permet de produire de l'hydrogène, utilisable comme vecteur énergétique.

Avancées dans la recherche

Les progrès dans les matériaux (par exemple, les électrodes en graphène) et les approches systémiques (microgrids, solutions d'intelligence artificielle) promettent d'améliorer le stockage d'énergie, rendant les renouvelables plus viables à grande échelle.

Impact sur l'environnement

Considérations écologiques des infrastructures

Bien qu'écologiques en termes d'émissions, les infrastructures associées aux énergies renouvelables ne sont pas sans conséquences pour l'environnement :

- **Parcs éoliens** : Ils peuvent perturber les habitats des oiseaux et chauves-souris. Les éoliennes offshore modifient les écosystèmes marins.
- **Barrages hydroélectriques** : Ils affectent les écosystèmes fluviaux, modifient les habitats aquatiques et peuvent déplacer les populations locales.
- **Fermes solaires** : Les grandes installations photovoltaïques nécessitent de vastes terrains, pouvant entraîner la déforestation ou la perte de terres agricoles.

Gestion des déchets

- Un autre défi environnemental concerne le recyclage des composants :
- Les panneaux solaires contiennent des matériaux toxiques (cadmium, plomb) qui doivent être recyclés de manière responsable.

- Les pales des éoliennes, souvent en fibre de verre, sont difficiles à recycler.

Solutions pour minimiser l'impact

Pour limiter ces effets, plusieurs mesures peuvent être adoptées :

- Développer des technologies moins intrusives (par exemple, des éoliennes sans pales).
- Mettre en place des réglementations strictes pour la gestion des déchets et le recyclage.
- Favoriser les installations distribuées pour réduire l'empreinte sur les écosystèmes.

Coût et rentabilité

Investissements initiaux

Les projets d'énergies renouvelables nécessitent des investissements initiaux importants pour la construction des infrastructures (panneaux solaires, éoliennes, barrages, etc.). Ces coûts incluent :

- L'achat des terrains.
- La fabrication et le transport des équipements.
- Les coûts d'installation et de connexion au réseau.

Retours sur investissement à long terme

Bien que les coûts initiaux soient élevés, les énergies renouvelables présentent des avantages financiers à long terme :

- Faibles coûts d'exploitation (pas de combustibles).
- Améliorations technologiques réduisant les coûts de production.

Cependant, la rentabilité peut être freinée par les fluctuations des subventions gouvernementales et des tarifs de rachat.

Accès au financement

Dans les pays en développement, l'accès au financement reste un défi majeur pour le développement des infrastructures renouvelables. Les partenariats public-privé, les prêts verts et les mécanismes d'incitation jouent un rôle crucial pour combler cette lacune.

Infrastructure et réseaux électriques

L'adaptation des réseaux

Les réseaux électriques traditionnels ont été conçus pour transporter l'énergie des centrales centralisées (charbon, nucléaire) vers les consommateurs. Les énergies renouvelables, souvent produites de manière distribuée et intermittente, nécessitent une modernisation des infrastructures :

- **Réseaux intelligents (smart grids)** : Ces systèmes permettent de gérer la variabilité de la production et d'adapter la demande en temps réel.
- **Interconnexions** : Renforcer les lignes de transport entre régions pour compenser les variations locales de production.

Intégration des renouvelables

La gestion de la production décentralisée implique des défis logistiques et techniques, notamment :

- Les pertes d'énergie sur de longues distances.

🌿 La nécessité de stabiliser les fréquences du réseau.

Les innovations telles que les systèmes de stockage distribué et l'électrification des transports contribuent à optimiser cette intégration.

Bien que les énergies renouvelables soient essentielles pour construire un avenir énergétique durable, elles doivent surmonter des défis considérables. La recherche, l'innovation et les investissements stratégiques sont indispensables pour réduire l'impact de ces limitations et maximiser leur potentiel. Ces efforts permettront de garantir une transition énergétique équilibrée et résiliente face aux besoins mondiaux croissants.

Chapitre 6

Les politiques publiques et les énergies renouvelables

Les énergies renouvelables jouent un rôle central dans la lutte contre le changement climatique, et leur développement repose largement sur les politiques publiques. Ce chapitre explore les objectifs internationaux, les initiatives nationales, les défis politiques, ainsi que les engagements des entreprises pour promouvoir une transition énergétique durable.

Ver'tige

Les objectifs internationaux

L'Accord de Paris

Adopté en 2015 lors de la COP21, l'Accord de Paris constitue un jalon majeur dans la coopération internationale pour réduire les émissions de gaz à effet de serre (GES). Ses objectifs principaux incluent :

- Maintenir l'augmentation de la température mondiale en dessous de 2 °C, avec des efforts pour limiter cette augmentation à 1,5 °C.
- Atteindre un équilibre entre les émissions anthropiques et les absorptions par les puits de carbone dans la seconde moitié du XXIe siècle.

Les énergies renouvelables, telles que le solaire, l'éolien et l'hydroélectricité, sont considérées comme essentielles pour atteindre ces objectifs, en remplaçant progressivement les énergies fossiles.

Les objectifs de zéro émission nette

De nombreux pays se sont engagés à atteindre la neutralité carbone d'ici 2050. Cela implique :

- Une électrification massive des secteurs industriels et des transports.
- Des investissements dans des technologies de capture et de stockage du carbone (CSC).
- Une augmentation significative de la part des énergies renouvelables dans le mix énergétique.

La feuille de route mondiale

Des organisations comme l'Agence internationale de l'énergie (AIE) ont élaboré des feuilles de route pour guider les pays dans leur transition énergétique. Ces documents mettent l'accent sur :

- La collaboration internationale pour le développement et la diffusion des technologies renouvelables.
- La mise en place de mécanismes de financement pour soutenir les économies en développement.

Les politiques nationales

Subventions et incitations fiscales

Dans de nombreux pays, les gouvernements jouent un rôle crucial dans le soutien financier des énergies renouvelables :

- **Subventions directes** : Ces aides permettent de réduire le coût initial des infrastructures renouvelables. Par exemple, en France, l'état subventionne l'installation de panneaux solaires pour les particuliers.
- **Incitations fiscales** : Des crédits d'impôt ou des exonérations fiscales sont souvent proposés pour encourager les investissements dans les énergies renouvelables. Aux États-Unis, le « Inflation Reduction Act » de 2022 offre des avantages fiscaux significatifs pour les projets verts.

Régulations et normes

Les politiques nationales incluent également des régulations pour favoriser l'adoption des énergies renouvelables :

- **Normes d'énergie renouvelable (NER)** : Certaines juridictions imposent des quotas minimaux d'énergie renouvelable dans le mix énergétique.
- **Tarifs de rachat garantis** : Ces mécanismes, présents en Europe et ailleurs, permettent aux producteurs d'énergie renouvelable de vendre leur électricité à un prix fixe.

Initiatives régionales

En Europe, le Pacte Vert (Green Deal) vise à faire de l'UE le premier continent neutre en carbone d'ici 2050. En Asie, des pays comme la Chine investissent massivement dans les infrastructures solaires et éoliennes, devenant des leaders mondiaux en termes de capacité installée.

Les défis politiques

Intérêts économiques des secteurs fossiles

Les industries du charbon, du pétrole et du gaz naturel exercent une influence considérable sur les politiques énergétiques :

- **Lobbying** : Les groupes d'intérêts fossiles tentent de freiner les réformes favorisant les énergies renouvelables.
- **Subventions persistantes** : Malgré les engagements climatiques, les subventions aux combustibles fossiles représentent encore des montants significatifs dans de nombreux pays.

Obstacles législatifs et bureaucratiques

La mise en œuvre des projets renouvelables se heurte souvent à :

- **Des délais administratifs** : Obtenir les autorisations pour construire des parcs solaires ou éoliens peut prendre plusieurs années.
- **Des résistances locales** : Certaines populations s'opposent à ces projets pour

des raisons esthétiques ou environnementales.

Inégalités entre les nations

Les pays en développement manquent souvent des ressources financières et technologiques nécessaires pour adopter les énergies renouvelables à grande échelle. Les mécanismes de transfert technologique et les aides internationales sont essentiels pour combler ces disparités.

Les engagements des entreprises

Stratégies de décarbonation

De nombreuses entreprises adoptent des stratégies ambitieuses pour réduire leur empreinte carbone :

- **Passage aux énergies renouvelables** : Des sociétés comme Google et Apple se sont engagées à utiliser 100 % d'énergies renouvelables pour leurs opérations.
- **Efficacité énergétique** : Les industries optimisent leurs processus pour consommer moins d'énergie.

Investissements dans la R&D

Les entreprises jouent également un rôle clé dans l'innovation technologique :

- **Développement de nouvelles technologies** : Par exemple, les panneaux solaires bifaciaux et les éoliennes flottantes sont issus de recherches privées.
- **Partenariats public-privé** : Ces collaborations permettent de mutualiser les ressources pour accélérer les progrès.

Certification et responsabilité sociétale

Les labels verts et les certifications environnementales encouragent les entreprises à adopter des pratiques durables. Ces initiatives renforcent leur réputation tout en attirant des investisseurs soucieux de l'environnement.

Les politiques publiques et les engagements privés sont essentiels pour développer les énergies renouvelables à une échelle globale. Malgré les défis économiques, politiques et technologiques, une coopération accrue entre les gouvernements, les entreprises et la société civile permettra de réaliser la transition énergétique nécessaire pour un avenir durable.

Chapitre 7

Les énergies renouvelables en France

La France, avec son engagement en faveur de la neutralité carbone d'ici 2050, occupe une position unique dans le paysage énergétique mondial. Dotée d'un mix énergétique dominé par le nucléaire, le pays investit également dans les énergies renouvelables pour diversifier ses sources et répondre aux objectifs climatiques. Ce chapitre analyse l'état actuel de la transition énergétique en France, les projets majeurs en cours et les défis propres au contexte français.

Ver'tige

État actuel de la transition énergétique en France

Politiques gouvernementales

La France s'est engagée dans une transition énergétique ambitieuse, soutenue par plusieurs cadres stratégiques et plans nationaux :

- **Loi relative à la transition énergétique pour la croissance verte (2015)** : Cette loi fixe des objectifs clés, notamment :
    - Porter la part des énergies renouvelables à 32 % de la consommation finale brute d'énergie d'ici 2030.
    - Réduire la part du nucléaire à 50 % dans le mix électrique d'ici 2035.
    - Diviser par deux la consommation énergétique finale d'ici 2050.
- **Programmation pluriannuelle de l'énergie (PPE)** : Ce document stratégique définit les priorités du gouvernement pour les investissements énergétiques sur une période de 10 ans. La PPE 2019-2028 vise à :
    - Doubler la capacité installée en énergies renouvelables électriques (solaire, éolien, biomasse).

- Développer de manière significative l'éolien en mer et le solaire photovoltaïque.
- **Stratégie nationale bas-carbone (SNBC)** : Ce cadre vise à guider les efforts français vers la neutralité carbone. Les énergies renouvelables y occupent une place centrale pour décarboner les secteurs des transports, de l'industrie et du bâtiment.

Projets en cours

La France enregistre des progrès constants dans le déploiement des infrastructures renouvelables :

- **Capacité installée** : En 2023, les énergies renouvelables représentent environ 25 % de la production d'électricité. L'hydroélectricité reste dominante, suivie par l'éolien et le solaire.
- **Projets en pipeline** : Des centaines de projets éoliens et solaires sont en développement, accompagnés par des innovations comme les éoliennes flottantes et les panneaux solaires bifaciaux.

Les projets phares

Parcs éoliens en mer

La France, dotée d'une vaste zone maritime, investit dans l'éolien offshore pour exploiter ce potentiel :

- **Premier parc éolien offshore** : Le parc de Saint-Nazaire, inauguré en 2022, est le premier en service en France. Il comprend 80 turbines d'une capacité totale de 480 MW, suffisante pour alimenter 700 000 personnes.
- **Projets à venir** : Plusieurs parcs en mer sont prévus, notamment à Dunkerque et en Bretagne. La France développe également des technologies d'éoliennes flottantes pour exploiter les zones de haute mer.

Fermes solaires

Le solaire photovoltaïque connaît une croissance rapide en France :

- **Projets majeurs** : La ferme solaire de Cestas, en Gironde, est la plus grande d'Europe avec une capacité de 300 MW.

Elle illustre le potentiel du solaire dans les régions ensoleillées du sud.
- **Autoconsommation et toitures solaires** : Les programmes d'incitation encouragent les particuliers et les entreprises à installer des panneaux solaires sur les toits, réduisant ainsi leur dépendance au réseau.

Centrales biomasse

La biomasse joue un rôle crucial dans le mix énergétique renouvelable français :

- **Exemples phares** : La centrale de Cogéal à Pierrelatte, qui utilise des résidus agricoles pour produire de l'électricité et de la chaleur, montre comment la biomasse peut valoriser les déchets organiques.
- **Potentiel** : Avec une forte activité agricole et forestière, la France dispose d'une abondance de matières premières pour le développement de cette énergie.

Les défis spécifiques de la France

Le nucléaire

La France est l'un des rares pays à produire plus de 70 % de son électricité à partir du nucléaire. Cette particularité pose des questions uniques dans le cadre de la transition énergétique :

- **Dépendance** : Le nucléaire offre une énergie bas-carbone stable, mais sa dominance complique l'intégration des énergies renouvelables intermittentes comme l'éolien et le solaire.
- **Projets EPR** : Les efforts pour construire de nouveaux réacteurs, comme l'EPR de Flamanville, illustrent les tensions entre le maintien d'une capacité nucléaire forte et la nécessité de développer les renouvelables.
- **Gestion des déchets** : Bien que bas-carbone, le nucléaire présente des défis à long terme pour le stockage des déchets radioactifs.

Intégration des énergies renouvelables

- 🌿 La croissance des énergies renouvelables impose des ajustements importants au réseau électrique français :
- 🌿 **Intermittence** : Les énergies solaire et éolienne sont par nature fluctuantes, nécessitant des solutions de stockage pour garantir une fourniture continue.
- 🌿 **Modernisation du réseau** : Réseau de Transport d'Électricité (RTE) investit dans la numérisation et le renforcement des infrastructures pour intégrer davantage de sources renouvelables.
- 🌿 **Régionalisation** : Les zones rurales et littorales, souvent idéales pour les projets renouvelables, doivent être mieux connectées aux centres de consommation.

La France se trouve à un carrefour critique de sa transition énergétique. Tout en exploitant son potentiel en énergies renouvelables, le pays doit relever des défis majeurs liés à l'équilibre entre nucléaire et renouvelables, ainsi qu'à l'adaptation de son réseau électrique. Les projets phares et les politiques en cours montrent cependant une volonté claire de progresser vers un avenir énergétique durable.

Ver'tige

Chapitre 8

Les innovations et l'avenir des énergies renouvelables

Alors que les énergies renouvelables occupent une place de plus en plus centrale dans le paysage énergétique mondial, les innovations technologiques et les nouveaux paradigmes de gestion de l'énergie redéfinissent leurs possibilités. Ce chapitre explore les technologies de pointe, les tendances à venir et les modèles d'énergie de demain.

Ver'tige

Les nouvelles technologies

Le solaire de nouvelle génération

Le solaire photovoltaïque continue d'évoluer grâce à des avancées technologiques significatives :

- **Cellules à pérovskites** : Ces matériaux promettent une efficacité supérieure à celle des cellules en silicium tout en réduisant les coûts de production. Les cellules tandem combinant silicium et perovskite atteignent des rendements records de plus de 30 %.
- **Panneaux solaires bifaciaux** : Capables de capter la lumière des deux côtés, ces panneaux augmentent la production d'énergie en utilisant les réflexions du sol.
- **Technologie solaire organique** : Les cellules solaires organiques offrent une alternative légère, flexible et abordable, idéale pour les applications mobiles ou sur des structures complexes.

Les éoliennes flottantes

La technologie des éoliennes flottantes ouvre de nouvelles perspectives pour exploiter l'énergie éolienne en haute mer :

- **Installation en eaux profondes** : Contrairement aux éoliennes fixes, les éoliennes flottantes peuvent être déployées dans des zones où la profondeur de l'océan empêche les infrastructures classiques.
- **Avantages** : Elles permettent de bénéficier de vents plus constants et plus puissants tout en réduisant l'impact visuel côtier.
- **Projets phares** : La ferme pilote Hywind Scotland, la première du genre, a démontré la viabilité commerciale de cette technologie.

Les biocarburants avancés

Les biocarburants de seconde génération, issus de matières non comestibles comme les résidus agricoles, transforment le secteur des transports :

- **Avantages environnementaux** : Contrairement aux biocarburants traditionnels, ils réduisent la compétition avec les cultures alimentaires et offrent un meilleur bilan carbone.
- **Technologies émergentes** : La conversion des déchets en carburants par

gazéification ou pyrolyse progresse rapidement.
- **Applications** : Les biocarburants avancés alimentent déjà des avions, des navires et des véhicules lourds, élargissant leur portée.

Ver'tige

La fusion nucléaire : Une révolution énergétique ?

Longtemps considérée comme un rêve lointain, la fusion nucléaire pourrait redéfinir l'énergie propre et abondante.

- **Principe** : Contrairement à la fission, la fusion combine des noyaux d'hydrogène pour libérer de l'énergie, imitant le processus des étoiles.
- **Projets emblématiques** :
    - **ITER** (International Thermonuclear Experimental Reactor), en construction en France, représente un effort international pour démontrer la faisabilité de la fusion contrôlée.
    - **Startups innovantes** : Des entreprises comme Helion et Commonwealth Fusion Systems explorent des designs alternatifs pour accélérer le déploiement commercial.
- **Défis** : La stabilisation du plasma et le maintien de l'équilibre énergétique restent des obstacles techniques majeurs. Toutefois, les progrès récents suscitent un optimisme croissant.

Ver'tige

Les tendances à venir

Le rôle croissant des énergies renouvelables dans les villes

Avec une urbanisation croissante, les villes deviennent des centres stratégiques pour le développement des énergies renouvelables :

- **Toits solaires et microgrids** : Les infrastructures urbaines, comme les toits et les parkings, sont de plus en plus équipées de panneaux solaires.
- **Chauffage et climatisation renouvelables** : Les réseaux de chaleur urbaine exploitent la biomasse, la géothermie et même la chaleur récupérée des centres de données.
- **Transports électriques** : Les villes adoptent massivement les véhicules électriques, alimentés par des sources renouvelables locales.

Production d'énergie locale et décentralisation

Le modèle énergétique traditionnel, basé sur de grandes centrales, cède peu à peu la place à des systèmes décentralisés :

- **Prosumers** : Les consommateurs deviennent aussi des producteurs, notamment grâce à l'autoconsommation photovoltaïque.
- **Communautés énergétiques** : Les coopératives locales permettent aux citoyens de partager l'énergie produite par des infrastructures communes.

Solutions hybrides et smart grids

Les systèmes hybrides intégrant différentes sources d'énergie renouvelable, couplés aux réseaux intelligents (smart grids), maximisent l'efficacité et la résilience :

- **Combinaisons efficaces** : Par exemple, le solaire et l'éolien peuvent être complétés par des batteries ou des systèmes de stockage à hydrogène pour lisser l'intermittence.
- **Smart grids** : Ces réseaux intelligents permettent une gestion optimisée de la demande et de l'offre en énergie, tout en intégrant les données des consommateurs.
- **Microgrids** : Indépendants ou connectés au réseau principal, les microgrids assurent une production locale résiliente, essentielle dans les zones isolées ou en cas de catastrophes.

L'avenir des énergies renouvelables repose sur une combinaison d'innovations technologiques, de modèles décentralisés et de gestion intelligente de l'énergie. Grâce à ces avancées, les renouvelables continueront à révolutionner la manière dont nous produisons et consommons l'énergie dans les décennies à venir.

Chapitre 9

L'impact des énergies renouvelables sur la société et l'économie

La transition vers les énergies renouvelables ne se limite pas à des considérations environnementales. Elle transforme profondément les dynamiques sociales et économiques à travers le monde. Ce chapitre examine les changements sociaux, les dimensions de justice énergétique, et les retombées économiques de cette révolution.

Ver'tige

Changements sociaux

Modification des modes de vie

L'adoption des énergies renouvelables modifie les modes de vie en rendant les sources d'énergie plus propres, accessibles et adaptées à un usage local :

- **Autoconsommation et autonomie** : Les panneaux solaires sur les toits et les petites éoliennes personnelles permettent aux foyers de devenir autosuffisants. Cela change les habitudes de consommation et crée une plus grande conscience des économies d'énergie.
- **Chauffage et mobilité** : Les réseaux de chaleur basés sur la biomasse et les véhicules électriques alimentés par des sources renouvelables réduisent la dépendance aux combustibles fossiles.

Réduction de la pauvreté énergétique

L'accès aux énergies renouvelables contribue à réduire la pauvreté énergétique, un problème majeur touchant des millions de personnes :

- **Démocratisation de l'accès à l'énergie** : Les systèmes solaires domestiques offrent une solution abordable pour les régions isolées où l'énergie conventionnelle est indisponible ou trop coûteuse.
- **Impact sur la santé** : Les foyers passent des combustibles traditionnels, comme le bois ou le charbon, à des sources énergétiques propres, réduisant ainsi la pollution intérieure et ses conséquences sanitaires.

Accessibilité des technologies

L'innovation et les économies d'échelle rendent les énergies renouvelables plus accessibles :

- **Coûts en baisse** : Les prix des panneaux solaires et des batteries ont chuté de manière spectaculaire au cours de la dernière décennie.
- **Programmes d'électrification** : Des initiatives comme l'électrification rurale en Afrique subsaharienne ou en Asie du Sud-Est améliorent l'accès des communautés marginalisées aux technologies modernes.

Énergie et justice sociale

L'accès aux énergies renouvelables pour les pays en développement

Les énergies renouvelables jouent un rôle crucial dans l'égalité d'accès à l'énergie :

- **Solutions décentralisées** : Les microgrids solaires et éoliens permettent d'électrifier des zones hors réseau, souvent dans des régions isolées.
- **Empowerment économique** : L'électrification permet le développement d'activités économiques locales, comme l'agriculture irriguée, les petits commerces ou la transformation alimentaire.

Réduction des inégalités

Les énergies renouvelables permettent de réduire les inégalités énergétiques entre les régions et les populations :

- **Prix stables** : Contrairement aux combustibles fossiles, les coûts des énergies renouvelables ne sont pas soumis aux fluctuations des marchés internationaux.

- **Accès universel** : Les technologies renouvelables peuvent être adaptées aux besoins locaux, favorisant une inclusivité accrue.

Défis de l'équilibre social

Malgré leurs avantages, les énergies renouvelables peuvent créer des tensions sociales :

- **Déplacement de populations** : La construction de grands projets comme les barrages hydroélectriques peut entraîner des délocalisations.
- **Inégalités dans les subventions** : Les aides gouvernementales bénéficient parfois davantage aux classes aisées qu'aux populations vulnérables.

Les retombées économiques

Impact sur les secteurs économiques

Les énergies renouvelables stimulent une économie verte en créant des opportunités dans divers secteurs :

- **Fabrication et installation** : La production de panneaux solaires, d'éoliennes et de batteries génère une demande industrielle importante.
- **Services** : L'entretien des infrastructures et le développement de logiciels pour la gestion énergétique créent de nouveaux marchés.
- **Agriculture et énergie** : Les systèmes solaires permettent une irrigation électrifiée et le stockage réfrigéré des récoltes, améliorant la productivité.

Compétitivité internationale

Les énergies renouvelables redéfinissent les relations économiques mondiales :

- **Indépendance énergétique** : Les pays qui adoptent les renouvelables réduisent

leur dépendance aux importations de combustibles fossiles.
- **Exportations de technologies** : Les nations pionnières, comme la Chine dans les panneaux solaires, dominent les marchés internationaux.
- **Coopération mondiale** : Des projets transnationaux, comme les interconnexions énergétiques, renforcent les liens entre économies.

Création de nouvelles industries

La transition énergétique favorise l'émergence de nouvelles industries :

- **Hydrogène vert** : Utilisé comme carburant propre, l'hydrogène crée une industrie en pleine croissance.
- **Recyclage des équipements** : Le démantèlement et le recyclage des composants renouvelables deviennent un secteur clé.
- **Smart grids et intelligence artificielle** : Ces technologies, essentielles pour gérer les systèmes énergétiques, stimulent l'innovation.

Les énergies renouvelables transforment non seulement la façon dont nous produisons et consommons l'énergie, mais aussi les bases de nos sociétés et économies. Elles offrent des opportunités uniques pour réduire les inégalités, créer des emplois et construire un avenir durable tout en posant des défis qui exigent des solutions innovantes.

Ver'tige

Conclusion

Vers un avenir durable

La transition vers un avenir durable est devenue l'une des plus grandes entreprises de notre époque. Alors que les conséquences des changements climatiques s'accélèrent et que les pressions économiques évoluent, les énergies renouvelables offrent une opportunité unique pour redéfinir notre rapport à l'énergie, à l'économie et à la planète. Ce chapitre de conclusion explore les raisons impératives d'agir rapidement, l'avenir prometteur des énergies renouvelables et un appel à l'action pour tous les acteurs de la société.

Ver'tige

La nécessité d'une transition rapide

Urgences climatiques

Le réchauffement climatique est aujourd'hui une réalité observable :

- **Augmentation des températures globales** : Selon le GIEC, les températures moyennes ont déjà augmenté de plus de 1,1 °C depuis l'ère préindustrielle.
- **Phénomènes extrêmes** : La fréquence accrue des événements climatiques tels que les sécheresses, les inondations et les tempêtes met en péril les populations vulnérables et entraîne des pertes économiques importantes.
- **Impacts sur la biodiversité** : Les écosystèmes essentiels, comme les forêts tropicales et les récifs coralliens, sont menacés par l'élévation des températures et l'acidification des océans.

Enjeux économiques

La dépendance aux combustibles fossiles représente une instabilité pour l'économie mondiale :

- **Volatilité des prix** : Les fluctuations des coûts du pétrole et du gaz créent des incertitudes pour les entreprises et les gouvernements.
- **Coûts de l'inaction** : Les conséquences financières des désastres climatiques et les investissements dans des infrastructures d'adaptation pourraient être supérieurs aux coûts de la transition énergétique.
- **Réduction de la compétitivité** : Les économies qui tardent à adopter des technologies vertes risquent de perdre leur place dans un marché mondial en mutation.

Impératif moral

La transition énergétique est aussi une question de justice :

- **Responsabilité intergénérationnelle** : Les générations actuelles ont le devoir de préserver une planète habitable pour leurs descendants.
- **Équité mondiale** : Les pays développés, historiquement responsables de la majeure partie des émissions, doivent jouer un rôle moteur tout en aidant les

pays en développement à adopter des énergies propres.

Ver'tige

L'avenir des énergies renouvelables

Vers un monde décarboné

Les énergies renouvelables sont la clé pour atteindre la neutralité carbone d'ici la moitié du siècle :

- **Diversification des sources** : Solaires, éoliennes, hydrauliques, biomasses et géothermiques offrent une gamme complète d'options adaptées aux besoins et aux ressources locales.
- **Avancées technologiques** : Les innovations, telles que les panneaux solaires à haut rendement et les éoliennes flottantes, augmentent l'efficacité et réduisent les coûts.
- **Économie circulaire** : Le recyclage des composants, comme les batteries et les panneaux, limite les impacts environnementaux.

Un modèle économique plus vert

Les énergies renouvelables permettent de construire une économie prospère et durable :

- 🌱 **Création d'emplois** : Le secteur des énergies renouvelables est un des plus dynamiques, avec des millions de nouveaux emplois à travers le monde.
- 🌱 **Réduction des coûts à long terme** : Les infrastructures renouvelables, une fois mises en place, offrent une énergie à coûts fixes, contrairement aux combustibles fossiles.
- 🌱 **Investissements responsables** : L'augmentation des investissements ESG (Environnementaux, Sociaux et de Gouvernance) favorise une croissance économique respectueuse de l'environnement.

Intégration dans tous les secteurs

Les renouvelables influencent toutes les sphères de la société :

- 🌱 **Transport** : L'essor des véhicules électriques et des biocarburants.
- 🌱 **Industrie** : Les procédés industriels à faible émission grâce à l'électricité verte et à l'hydrogène.
- 🌱 **Bâtiment** : La généralisation des bâtiments à énergie positive.

Appel à l'action

Pour une société responsable

Chaque individu, entreprise et gouvernement a un rôle à jouer :

- **Changer les comportements** : Réduire la consommation d'énergie, encourager le recyclage et opter pour des solutions durables dans la vie quotidienne.
- **Soutenir les politiques publiques** : Favoriser les initiatives qui incitent à l'adoption des énergies renouvelables.
- **Promouvoir l'éducation** : Sensibiliser les jeunes aux enjeux écologiques et à l'importance de la transition énergétique.

Un appel aux gouvernements

Les dirigeants doivent accélérer la mise en place de politiques ambitieuses :

- **Subventions et réglementations** : Soutenir les industries vertes et imposer des normes écologiques strictes.

- **Coopération internationale** : Renforcer les partenariats mondiaux pour atteindre les objectifs de l'Accord de Paris.
- **Investissements massifs** : Financer les infrastructures, la recherche et le développement dans les énergies renouvelables.

Le rôle des entreprises

Les entreprises doivent intégrer la durabilité dans leurs stratégies :

- **Décarbonation** : Réduire leurs empreintes carbone et adopter des modèles économiques circulaires.
- **Innovation** : Investir dans des solutions énergétiques propres et efficaces.
- **Responsabilité sociétale** : Collaborer avec les communautés pour promouvoir un développement inclusif.

La transition vers les énergies renouvelables est une étape cruciale pour garantir un avenir durable. Elle répond non seulement aux urgences climatiques, mais aussi aux aspirations économiques et sociales. Pour que cette vision devienne une réalité, une mobilisation collective est essentielle. Nous avons aujourd'hui les outils, les connaissances et les technologies nécessaires pour transformer notre monde. Il ne reste qu'à agir, ensemble, avec détermination et ambition.

Ver'tige

Annexes

Glossaire des termes techniques

1. **Biocarburant** : Combustible d'origine biologique produit à partir de matières organiques telles que les plantes ou les déchets organiques.
2. **Capacité installée** : Puissance maximale que peuvent produire des installations énergétiques à un instant donné.
3. **Décarbonation** : Processus visant à réduire ou à éliminer les émissions de dioxyde de carbone (CO_2).
4. **Effet de serre** : Phénomène naturel par lequel certains gaz atmosphériques emprisonnent la chaleur émise par la Terre, contribuant ainsi

au réchauffement climatique lorsqu'il est intensifié.
5. **Géothermie** : Technologie qui exploite la chaleur naturelle du sous-sol terrestre pour produire de l'énergie ou du chauffage.
6. **Intermittence** : Caractéristique de certaines sources d'énergie renouvelable (comme le solaire et l'éolien) qui ne produisent pas d'énergie en continu.
7. **Mix énergétique** : Proportion de différentes sources d'énergie utilisées pour satisfaire la demande.
8. **Neutralité carbone** : Situation dans laquelle les émissions de gaz à effet de serre d'une entité sont entièrement compensées par des mécanismes d'absorption ou de réduction.
9. **Photovoltaïque** : Technologie qui convertit directement la lumière du soleil en électricité grâce à des cellules solaires.
10. **Smart grid** : Réseau électrique intelligent utilisant des technologies numériques pour optimiser la production, la distribution et la consommation d'énergie.
11. **Stockage d'énergie** : Systèmes permettant de conserver l'énergie pour une utilisation ultérieure, notamment les batteries, les stations de pompage et l'hydrogène.

12. **Transition énergétique** : Passage progressif d'un système énergétique basé sur les combustibles fossiles à un système reposant sur des énergies renouvelables.

Ver'tige

Bibliographie et références

Ouvrages et rapports

1. **IPCC (2021)** : *Sixth Assessment Report: Climate Change 2021*.
2. **Agence internationale de l'énergie (AIE)** : *Renewables 2022: Market Update and Forecast*.
3. **Lovins, A. B. (2018)** : *Reinventing Fire: Bold Business Solutions for the New Energy Era*.
4. **Meadows, D. H. et al. (1972)** : *The Limits to Growth*.
5. **Sovacool, B. K. (2020)** : *Visions of Energy Futures: The Sociology and Politics of Energy Transitions*.

Articles académiques

1. Jacobson, M. Z., & Delucchi, M. A. (2011). "Providing all global energy with wind, water, and solar power." *Energy Policy*.
2. Hansen, J. et al. (2013). "Assessing 'dangerous climate change'." *PLoS ONE*.
3. Choukroun, J. et al. (2019). "Hydrogen as a Storage Solution for Renewable Energy." *International Journal of Hydrogen Energy*.

Sites web et ressources en ligne

1. **Agence internationale pour les énergies renouvelables (IRENA)** : www.irena.org
2. **Ministère de la Transition écologique (France)** : www.ecologie.gouv.fr
3. **World Resources Institute (WRI)** : www.wri.org
4. **Union of Concerned Scientists (UCS)** : www.ucsusa.org

Liste des organisations et initiatives internationales pour la transition énergétique

Organisations internationales

1. **Agence internationale de l'énergie (AIE)** : Organisme intergouvernemental qui fournit des analyses et des recommandations sur les politiques énergétiques.
2. **Programme des Nations unies pour l'environnement (PNUE)** : Promeut les initiatives pour réduire les émissions et protéger l'environnement.
3. **Banque mondiale** : Financement de projets d'énergies renouvelables dans les pays en développement.
4. **Intergovernmental Panel on Climate Change (IPCC)** : Groupe de scientifiques qui évalue les informations liées aux changements climatiques.

Initiatives régionales

1. **Pacte vert pour l'Europe** : Programme de l'Union européenne visant à atteindre la neutralité carbone d'ici 2050.

2. **RE100** : Coalition mondiale d'entreprises s'engageant à utiliser 100 % d'électricité renouvelable.
3. **Mission Innovation** : Initiative regroupant 22 pays et l'UE pour stimuler les investissements dans les technologies propres.

ONG et initiatives citoyennes

1. **Greenpeace** : Organisation mondiale qui milite pour la réduction des énergies fossiles et la protection de la biodiversité.
2. **350.org** : Mouvement citoyen pour réduire les émissions mondiales de CO_2.
3. **SolarAid** : Organisation visant à fournir de l'éclairage solaire dans les régions rurales d'Afrique.
4. **Transition Network** : Mouvement international pour promouvoir la résilience locale face au changement climatique.

Ver'tige

AU SUJET DE L'AUTEUR

Ver'Tige : un auteur au service de la planète

Ver'Tige est bien plus qu'un simple nom de plume : c'est une véritable déclaration d'intention. À travers ses écrits, cet auteur visionnaire s'impose comme une voix essentielle dans le domaine de l'environnement et de l'écologie. Porté par une profonde admiration pour la nature et une inquiétude sincère face à la dégradation de notre planète, Ver'Tige fait de chaque texte un appel vibrant à la responsabilité collective et individuelle.

Avec un style à la fois poétique et pragmatique, Ver'Tige explore des thèmes essentiels comme les énergies renouvelables, le respect de la biodiversité, la transition écologique et les solutions durables pour sauver notre planète. Ses ouvrages, empreints d'espoir et de réflexion, s'adressent à toutes les générations, des jeunes curieux aux adultes engagés, en quête d'un avenir plus vert.

Pour Ver'Tige, écrire, c'est agir. Ses récits ne se contentent pas de dénoncer, ils proposent aussi des pistes concrètes pour bâtir un monde écoresponsable. Avec des mots choisis et une plume inspirante, il incite ses lecteurs à voir la beauté du vivant et à se mobiliser pour le préserver.

À travers ses œuvres, Ver'Tige nous rappelle une vérité essentielle : la nature est notre bien commun, et chaque action compte pour en assurer la survie.

Les énergies renouvelables : « Une révolution énergétique pour l'avenir »

www.ingramcontent.com/pod-product-compliance
Lightning Source LLC
Chambersburg PA
CBHW052207220526
45471CB00004B/1861

documentée, cet ouvrage plonge au cœur des technologies innovantes, des politiques publiques, et des impacts sociaux et économiques des énergies renouvelables.

Ce livre met en lumière les solutions offertes par le solaire, l'éolien, la biomasse, l'hydroélectricité et la géothermie, tout en soulignant les avancées futures comme les éoliennes flottantes ou les biocarburants avancés. Il aborde également les questions de justice énergétique et les initiatives mondiales pour un avenir décarboné.

Destiné à un large public, des curieux aux professionnels du secteur, ce guide complet inspire à comprendre et à agir face à l'urgence climatique en misant sur un avenir durable et équitable.